Ulrike Luise Keller · Edmund Zwecker

# Wie ein Fisch so hüpf' und springe

Ulrike Luise Keller · Edmund Zwecker

# Wie ein Fisch so hüpf' und springe

Sprüche für das Poesiealbum
Zeugnissprüche

mit Bildern von Andrea Kuhnert-Stübe

Bibliografische Information der Deutschen Nationalbibliothek

Die Deutsche Nationalbibliothek verzeichnet diese Publikation in der Deutschen Nationalbibliografie; detaillierte bibliografische Daten sind im Internet über http://dnb.d-nb.de abrufbar.

*Die Sprüche dürfen für Poesiealben bzw. Zeugnisse mit Angabe der Autorin – Ulrike Luise Keller – bzw. des Autors – Edmund Zwecker – verwendet werden.*

Alle Rechte, insbesondere das Recht der Vervielfältigung und Verbreitung sowie der Übersetzung, vorbehalten. Kein Teil des Werkes darf in irgendeiner Form (durch Fotokopie, Mikrofilm oder ein anderes Verfahren) ohne schriftliche Genehmigung des Verlages reproduziert oder unter Verwendung elektronischer Systeme verarbeitet, vervielfältigt oder verbreitet werden.

© Via Interna Verlag, Sinzheim 2013
Überarbeitete und erweiterte Neuauflage

Umschlagbild: Andrea Kuhnert-Stübe

ISBN 978-3-9342-7807-3

# Vorwort

## zur überarbeiteten und erweiterten Neuauflage

Nachdem die erste Auflage des Büchleins mit den Sprüchen für das Poesiealbum vergriffen war und über Jahre hinweg immer wieder Bestellungen eintrafen, entschlossen wir uns zu einer Neuauflage. Sie wurde um die Zeugnissprüche, die ich meinen Schülerinnen und Schülern in meiner achtjährigen Zeit als Klassenlehrerin an der Waldorfschule gab, erweitert. Fand ich in der vorhandenen Literatur nichts Passendes für eines meiner Schulkinder, so bat ich meinen Lebensgefährten, Edmund Zwecker, mir einen Spruch zu schreiben. Neben der Thematik des Schuljahres, mit der er sich eingehend befasste, beschrieb ich ihm außerdem das Kind und was ich diesem sagen und mitgeben wollte. Oft traf der Spruch auf Anhieb den Kern, gelegentlich arbeiteten wir noch gemeinsam daran. Auf diese Weise entstanden 63 Zeugnissprüche. Ich war sehr glücklich, sie meinen Schülerinnen und Schülern geben zu dürfen. Dafür möchte ich meinem Lebensgefährten noch einmal herzlich danken.

Im Vorwort zur ersten Auflage finden Sie ein paar Worte zu den Poesiealbumsprüchen.

Die Sprüche für das Poesiealbum können ebenso als Zeugnissprüche für die Kleinen verwendet werden. Umgekehrt ist es auch möglich, manchen Spruch, der ursprünglich einem Kind in seinem Schuljahreszeugnis mitgegeben wurde, für einen Eintrag in ein Poesiealbum zu verwenden.

Auch in dieser Neuauflage möchte ich mich ganz herzlich bei Andrea Kuhnert-Stübe bedanken, die diesen Band um sechs weitere Bilder – zu den Zeugnissprüchen – bereichert hat, so dass Sie nun 39 wunderschöne Bilder in der Neuauflage vorfinden. Besonders froh darüber sind wir, dass ihre Bilder in diesem Band besser zur Geltung kommen.

Sinzheim, im November 2013

                                      Ulrike Luise Keller

# Vorwort

zur ersten Auflage

Als ich wieder einmal vergeblich nach einem Albumspruch meiner Schulkinder suchte, entschloss ich mich, einen Spruch für dieses Kind selbst zu schreiben. Ich stellte mir das Kind vor und beschäftigte mich mit seinem Wesen gedanklich und empfindungsmäßig. "Was möchte ich diesem Kind sagen?", war dann meine weitere Frage an mich selbst. So entstanden im Laufe der Zeit viele Sprüche, wobei jeder einzelne davon immer für ein bestimmtes Kind besonders geeignet war. Manchmal sollte der Spruch das Kind in einer bestimmten Verhaltensweise oder Eigenschaft bestärken, die bereits vorhanden war oder die es noch zu erüben galt, oder der Spruch fügte zu dem, was das Kind schon zu seinem Vorteile besaß, dasjenige hinzu, was dem Kinde als Ausgleichendes in seinem Wesen noch fehlte.

Wichtig erschien mir dabei im Besonderen, dass sich das Kind durch seinen Spruch in irgendeiner Weise angesprochen fühlte. Das ist einerseits durch die Gestaltung der Sprüche in Vers und Reim zu erreichen, denn im Rhythmus erfährt das Kind Ordnung und Geborgenheit. Darüber hinaus erzählen viele der Sprüche von Tieren, Zwergen, Elfen, Engeln, Naturgeistern und Märchenwesen. Im Kind werden Bilder geweckt, die ihm vertraut sind. Ergänzend suchte ich zu jedem Spruch eine passende Bildkarte für das Kind aus, die ihm einen weiteren Zugang zu diesem ermöglichte. So gehört auch in diesem Büchlein zu jedem Spruch ein Bild, das Anregung geben soll, Eigenes zu malen oder nach einem entsprechenden Bild zu suchen.

Für die einfühlsamen und ansprechenden Bilder möchte ich Frau Andrea Kuhnert-Stübe herzlich danken.

So wünsche ich Ihnen viel Freude beim Auswählen der Sprüche für Ihre Kinder.

Baden-Baden, im Juli 1999

Ulrike Luise Keller

# Sprüche für das Poesiealbum

Sieh die Blümlein auf dem Feld,
rufen dich beim Namen,
auch die Tiere dieser Welt,
wilde und die zahmen!

Sternlein unterm Himmelszelt
streuen ihren Samen.
Du bist einer auf der Welt,
die ins Leben kamen.

Lass den Samen auferstehen,
keimen, knospen, sprießen!
In dein Inn'res musst du sehen,
schaffen und genießen!

Schau, wie das Feuer entflammt,
glühend darin seine Geister!
Sprühend, wer daraus entstammt:
Feurige Flamme als Meister!

Spür', wie es still in dir glüht,
sprühenden Funken entfache!
Licht nur erfährt, wer sich müht!
Leben braucht Feuer! Erwache!

Der Sonne Glanz erstrahlt durch Licht,
das sie den Erdenwesen schenkt.
Doch wenn des Abends sie sich senkt,
verdunkelt sich ihr Angesicht.

Dein Weg ist dunkel, ohne Sicht,
verbirgst du dich, bleibst allem fern!
Doch spürt der Mensch, du hilfst ihm gern,
wird seine Freud' zu deinem Licht!

Hörst du das Rauschen, das Flüstern,
das Raunen?
Hörst du die Stille, die leis' sich bewegt?
Sähest du alles, du würdest erstaunen,
wie sich ein Zwerglein doch mühet und regt!

Hörst du das Klingen, das Flöten und
Geigen?
Hörst du die Stille, die leise ertönt?
Tanzende Elfen verweilen im Reigen,
liebevoll jede die Erde verschönt.

Hörst du dein eigenes Klingen und
Rauschen?
Hörst du die Stille, die leis' mit dir spricht?
Sähest du alles und wolltest du lauschen:
Mühe und Fleiß sind die Pfade zum Licht!

Im Wald hinter Bäumen, in Büschen, auf Steinen,
im Bächlein, im Laube und hoch in der Luft,
da wimmelt's von Tieren, von großen und kleinen.
Der Wald klingt und lebt und verströmt seinen Duft.

Hab' acht auf das Kribbeln und Krabbeln im Stillen,
bemerke, dass Frosch und auch Käfer sich regt.
Und höre das Singen der Vögel und Grillen,
so atme den Wald, der im Wind sich bewegt.

Und wisse, das muntere Treiben und Regen,
das Klingen, der Duft und die heitere Stille
des Waldes sind Zeichen, die wollen bewegen
dein Leben, verström' dich, es ist Gottes Wille!

Dem stattlichen König voll Würde,
ihm dienen die Menschen in Ehre.
Er kennt die ihr eigene Bürde,
verlangt, dass in Weisheit er lehre.

Nicht Reichtum noch Wissen gestatten
dem König, in Hochmut zu thronen.
Das Streben bringt Kummer und Schatten,
wo Güte und Rücksicht nicht wohnen.

Zum König nur wirst du erhoben,
wenn Wissen und Demut sich finden.
So wende dich stets auch nach oben,
um Liebe im Herzen zu binden.

Da die Schnecke trägt ihr Haus
auf dem Rücken stetig mit
– mutig traut sie sich hinaus –
ist's doch nur ein kleiner Schritt,
bis sie sicher und geborgen
Schutz empfindet. Bis am Morgen
sie erneut den Weg beschreitet,
von Vertrau'n zum Heim begleitet.

Jeder trägt sein Heim in sich,
spür' es und erinn're dich!
Im Vertrau'n wird alles gut,
geh' hinaus und habe Mut.

Morgens noch in früher Stunde
geben alle Vöglein Kunde,
dass sie wach und munter sind
und der Tag von vorn' beginnt.

Froh beginne jeden Tag,
danke Gott für diese Nacht!
Müh' dich! Was auch kommen mag,
sieh der Vöglein bunte Pracht!

Wie das Vöglein voll Vertrauen
wird sein Nest im Frühjahr bauen,
tu auch deine Arbeit gut,
im Vertrau'n, in Gottes Hut!

Turnend auf Bäumen, von Ästchen zu Ast,
siehst du das Eichhörnchen frei sich
bewegen.
Auch auf der Erde kennt es keine Rast,
muss es sich doch einen Vorrat anlegen.

Scheu zwar, doch furchtlos folgt's dem,
was es muss,
spendet die Erde doch ihm seinen Segen,
findet so Nahrhaftes, Eichel und Nuss,
das ist der Lohn für sein mutiges Regen!

Suchst du den Weg deines Lebens auf
Erden,
schreite nach vorne und habe auch Mut!
Froh und auch frei sei dein Wachsen und
Werden,
Lohn sei dein Weg, der in Gottes Hand ruht!

Zwerge träumen, Zwerge lachen,
finden sich in frohem Spiel.
Freuen sich gar vieler Sachen,
ja, Humor gibt's dort recht viel.

Zwerge schaffen, Zwerge müh'n sich
mit viel Sorgfalt, voller Lust.
Ihre Arbeit macht sie glücklich,
keiner braucht das Wort "du musst"!

Zwerge lieben beide Seiten:
Arbeit, Ernst, Humor und Spiel,
alles zu gegeb'nen Zeiten,
dieser Weg, er ist das Ziel!

Ich freu' mich, dass ich weiß!
Doch vieles weiß ich nicht!
So schaffe ich mit Fleiß,
entdecke bald ein Licht!

Ich freu' mich, dass ich kann!
Doch vieles kann ich nicht!
Versperre mir nicht dann
mit Ungeduld die Sicht!

Ich freu' mich, dass ich will;
so find' ich meine Gabe!
Dem andern geb' ich still,
von dem, was ich schon habe!

Freude, Friede, Lust erlebend,
Traum und tiefe Wahrheit gebend,
schenkt das Lesen einen Sinn,
lässt mich spüren, dass ich bin.

Freude, Friede, Lust erlebend,
wenn ich, immer weiter strebend,
lerne, dass bei jenem Drange
ich mich mit Geduld umfange.

Freude, Friede, Lust erlebend,
in der Arbeit sich hingebend
andern Menschen frei und froh,
möge dir's gelingen so!

Wie die Elfe leicht beschwingt
schaukelt zwischen Blütenranken,
wie sie munter, fröhlich singt,
stets erfüllt mit froh'n Gedanken.

So erfreue dich am Spiel,
an der Arbeit, an der Stille.
Freundlich sei dein Weg zum Ziel,
liebend deine Kraft, dein Wille.

Im Arme des Hirten, da liegt es geborgen,
umhüllt und beschützet vor mancher Gefahr.
Und springt es dann los, macht es sich keine Sorgen,
nicht fern ist der Hirt', weiß das Schäflein fürwahr.

Auch du bist getragen, vertraue der Liebe,
der inneren Kraft, die dich stärkt und umhüllt.
Und ziehst du dann los mit dem Wunsch, der dann bliebe
im Herzen, bis du deinen Auftrag erfüllt.

Schmunzelnd, humorvoll und lachend, voll Freude
Schau' dir die Dinge des Lebens stets an.
Ruhig, gelassen genieße das Heute,
schöpfst so die Kraft, die dir beistehen kann.

Was du auch tust, so versieh es mit Sorgfalt,
müh' dich, sei eifrig und schaffe mit Lust.
Gleich einem Echo, du spürst, wie es nachhallt,
Friede erfüllt deine sehnende Brust.

Fleißig dreht die Spule sich,
ruft das Bäumchen: "Rüttle mich!"
Klagt das Brot: "Lass mich heraus!"
Schüttelt auch die Federn aus.

Hilfreich jeden Tag bestreiten,
schaffen, mühen, Freud' bereiten,
offen sein und guter Dinge,
dass dir alles froh gelinge!

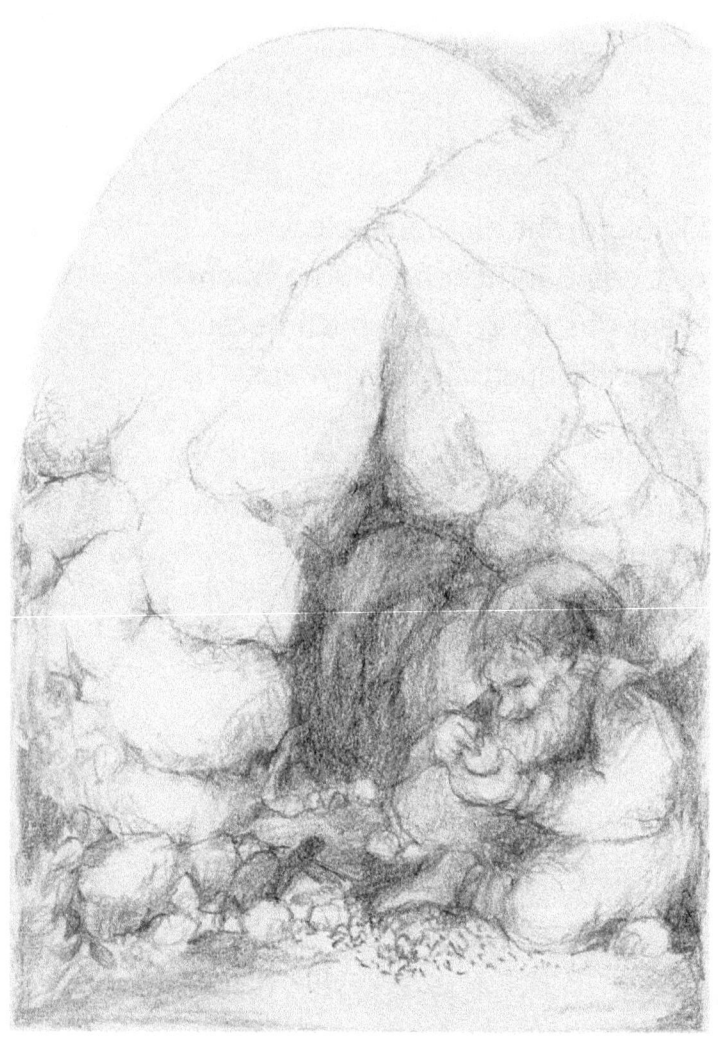

Still, bescheiden wie die Zwerge,
froh und munter wie ihr Spiel,
schaffend fleißig hinterm Berge,
so erreichst auch du dein Ziel.

Aufmerksam der Stille lauschen,
spüren, was dein Ich dir sagt,
Trägheit gilt es einzutauschen
gegen Kraft, die auch was wagt!

Elfen und Zwerge und Wichte,
sie leben in unserer Welt
und haben mit ihrem Lichte
dem Mensch' manchen Tag schon erhellt.

So höre die Stimme der Stillen
und spüre ihr heimliches Sein
und danke mit frohgemut' Willen,
durch sie bist du niemals allein.

Ein Engel gar steht dir zur Seite,
umhüllt dich in herrlicher Pracht.
Er schützt dich und hilft dir im Leide,
dein Bitten sein Feuer entfacht!

Sieh die Fische, wie sie springen,
still und doch mit heißer Glut,
frei und sich dann doch bezwingen,
fest birgt sie des Wassers Flut.

Wie ein Fisch so hüpf' und springe,
fühl' dich frei und habe Mut!
Wünsche auch, dass dir's gelinge,
still zu werden, das tut gut!

Im Verborg'nen, fröhlich, heiter
tanzen munter Zwerge,
klopfen, hämmern und so weiter
Tag und Nacht im Berge.

Dreh'n sich voller Mut im Schein,
singen hell und lachen.
Springe über Stock und Stein
wie's die Zwerglein machen!

Der Gockel schreit, die Katz' miaut,
die Kuh, die macht ihr Muh.
Wenn alles schreit, dann ist es laut,
das Hündchen bellt dazu.

So freu' dich über Hahn und Katz',
genieße die Natur
und höre zu dem kleinen Spatz,
er singt sein Lied in Dur.

So mach' dich frei und öffne dich,
lass Schönes in dich ein!
Bewahre Ruh' und sicherlich
fühlst du dich nie allein!

Gibst du dich hin mit ganzem Herzen
und lässt die Töne leis' erklingen,
der Welten Schönheit mag nun singen
und träufelt, spürst du Kummer, Schmerzen,
dir Balsam tröstend in die Seele,
dass du erkennst der Welten Sinn.
Verströmst dich, wagst den Neubeginn,
vertrauend, dass an nichts es fehle!

Fröschlein quakt aus voller Kehle,
bläht sich auf die Brust.
Singt sein Lied aus ganzer Seele,
mit viel Lieb' und Lust!

Im Konzert die Frösche quaken,
allesamt und laut.
Danke, Frühling, hört man sagen,
dass das Eis getaut!

Danke für dein Sein und Werden!
Froh tu deine Pflicht!
Schaff' von Herzen hier auf Erden,
dass das Eis zerbricht!

Morgens schon in aller Frühe
schreit der Gockel: Komm, steh auf!
Käuend steh'n im Stall die Kühe,
jetzt beginnt der Tageslauf.

Wie die Kuh, genieß' das Wunder,
dass der neue Tag anbricht!
Wie der Gockel, eifrig, munter,
tu dein Tagwerk, deine Pflicht!

Mit Kraft entspringt die Quelle,
das Wasser sprudelt rein.
Es fließt dann silberhelle,
erstrahlt im Mondenschein!

Dort sieht man ruhig gleiten,
umwogt vom Wellenspiel,
die Wassergeister reiten –
im Fluss sind Weg und Ziel!

Mit Kraft sollst du beginnen
und kraftvoll sei dein Tun!
Auch magst du dich besinnen,
die Kraft liegt auch im Ruh'n!

Ein Riese stapft mit schweren Schritten
durchs Land, sucht nach dem größten Herrn.
Bei ihm will er um Arbeit bitten,
will dienen ihm von Herzen gern!

Sein Weg ist lang und oft auch schwer,
doch kann er seinen Herrn nicht finden.
Er trägt als Kind ihn übers Meer,
Geduld lässt Schweres überwinden!

Ein Schmetterling schwebt leicht heran
und setzt sich, angelockt vom Duft,
auf eine Blüte, bis er dann
entflattert wieder in die Luft.

Dort schwingt er frei von jener Kraft,
die alles an die Erde bindet.
Sein Tun und jener Blütensaft,
das ist's, was Schweres überwindet!

Es ist, als ob die Linde summe,
als ob sie schwirre, surre, brumme.
Doch wenn du hinschaust, siehst du Bienen,
die fleißig ihrem Volke dienen.

Ihr Weg führt sie von Blüt' zu Blüte,
gar viele Male fliegt sie aus.
Ja, unermüdlich sie sich mühte,
zu ernten jenen süßen Schmaus!

So hilft der Biene lust'ges Tanzen
von Blüt' zu Blüt' dem Wohl des Ganzen.
Auch deine Mühen, habe Mut,
sind für das Wohl des Ganzen gut!

Aufmerksam verfolgt der Hund,
was sein Frauchen von ihm will.
Durch den Blick tut sie's ihm kund,
er erfüllt den Auftrag still.

Wie das Hündlein voll Vertrauen
folgt, weil es sein Frauchen mag,
darfst auch du der Liebe trauen,
die es gut meint, Tag für Tag!

Alle Tiere, groß und klein,
atmen aus und atmen ein.
Auch der Blume und dem Baum
gibt der Atem Lebensraum.

Jede Nacht schenkt uns die Ruh'
und am Tag greift jeder zu.
Herbst und Winter atmen aus,
bis der Frühling kommt ins Haus.

In der Stille wuchs die Kraft,
die nun neues Leben schafft.
Atme aus in aller Ruh',
neue Kraft erhältst auch du!

Die Wahrheit gleicht dem Sonnenlicht,
das weit die ganze Welt umspannt,
das kalte Dunkel es stets bannt,
aus trüber Sicht wird klare Sicht!

So wird die Wahrheit dir zum Segen,
erwächst aus ihr doch Zuversicht.
Vertrauen, Nähe sind das Licht,
das leuchtet dir auf allen Wegen!

Geachtet wird, wer wahr nur spricht,
denn leicht ist Wahrheit oftmals nicht!

Das Vöglein schenkt sein Lied, es pfeift,
die Blume ihren Duft.
Das Bienlein jede Blüte streift,
trägt Honig durch die Luft.

Das Schäflein schenkt uns seine Wolle,
von der es so viel hat.
Und unser Apfelbaum, der volle,
macht uns mit Äpfeln satt.

So schenkt ein jeder viel von dem,
was Gott ihm reichlich gab.
Drum mach' auch ich's mir nicht bequem
und schenke, was ich hab'!

Einmal war es dann soweit,
du erklärtest dich bereit.
Engel trugen dich hinunter
auf die Erde, froh und munter.

Hier sollst du mit Fleiß beginnen,
schaffen, wirken, dich besinnen!
Denn dein Auftrag hier auf Erden
kann nur so vollendet werden!

# Zeugnissprüche

Erste Klasse

Wär' ich ein Vogel, könnt' ich fliegen,
wie stieg' ich auf in Himmels Blau!
Wollt' mich in goldner Sonne wiegen –
tief unter mir der Erde Grau.

Da nähm' ich freudig mir ein Stück
vom Lichte droben auf der Stell'.
Ich brächt's zur Erde stolz zurück
und machte alles, alles hell.

\*

Wenn die Sterne golden strahlen,
leuchten über Feld und Bäume;
wenn ich schlafe, leise malen
Himmelslicht in meine Träume,
spür' ich, wie mich sanft berühren
Engelshände, Gott ergeben,
die mich leiten, die mich führen,
die mir helfen, froh zu leben.

Vater Albatros zieht stolz
wie ein König seine Runde.
Auf dem Ast aus dürrem Holz
sieht's der Sohn mit off'nem Munde.
Da – die Landung glatt verdorben,
hals-kopfüber – doch er lebt!
Sieh nur, wie er, fast gestorben,
wieder wie ein König schwebt!
Keine Worte, kein Verzagen
und nicht böse auf den Wind.
"Stark wirst du durch Niederlagen",
sagt der Vater zu dem Kind.

Wie das Blatt ganz leis' im Winde
auf und nieder lustig weht
und die Wolke sehr geschwinde
mit dem Sturm am Himmel geht!
Bienen summen, Fische schnellen
auf und ab im stillen Bach
und aus silberhellen Quellen
sprudelt's unterm grünen Dach.
Hör' ich's raunen, hör ich's singen -
spür' ich, wie sich's drinnen regt,
freu' ich mich an allen Dingen,
die ich dankbar mitbewegt.

Zweite Klasse

Ich seh' Elisabeth voll Würde,
wenn ich im Traum zum Himmel schau'.
So leicht, so ohne jede Bürde,
lacht sie mich an durch Himmels Blau.
Hilft so auch mir in allen Dingen,
dem lieben Gott mein Tun zu weih'n,
ihm froh mein Tagwerk darzubringen –
mein Streben und mein Fröhlichsein.

*

Durch Straßen geht ein Königskind,
wo viele arme Kinder sind.
Und ruft ein Kind ihm hinterdrein:
"Elisabeth, erbarm dich mein!",
dann eilt's zum Schloss mit festem Schritt,
bringt Brot in seinem Röckchen mit,
gibt liebevoll den Kindern gleich,
was ihnen fehlt – wird selber reich!

Elisabeth im Kleid aus Licht,
das Sonne, Mond und Wind gebracht,
sie dankt dem Vater und sie spricht
zu Gott, der sie so reich gemacht:
"Mach' mich, ich bitt' dich, drinnen hell,
im Herzen, wo's sonst niemand sieht."
Sogleich gießt sich ein Lichterquell,
damit das Wunder ihr geschieht.
Sie fühlt's, sie spürt ihr junges Leben
und hebt die Hände hoch empor:
"Lass weiter mich in Liebe geben!"
Und "Amen" singt ein Engelchor.

*

Elisabeth schafft's ganz allein,
den armen Kindern nah zu sein.
Aus eigner Kraft stillt sie die Not –
so wird zu Rosen auch ihr Brot.
Mein Engel hilft mir, dass auch ich
so mutig bin und gütiglich.

Als Gott vom Himmel niedersah,
Elisabeth im Dunkeln fand –
hat selbst nicht mehr ein Kleid zur Hand –
da rief er Sonne, Mond und Wind:
Du, Sonne, leih' ihr deine Pracht.
Du, Mond, sollst meines Lichtes Kind
umhüllen in der dunklen Nacht.
Du, Wind, wirst eilig all dies Licht
verweben in ein Lichtgewand,
und zärtlich, wie ein Traumgesicht,
hin wehen über Stadt und Land.

*

Mein Engel hilft mir stets behände
und steht mir bei in meiner Zeit,
dass ich den Spiegel eifrig wende,
dass er mir Wahrheit und Geleit.
Mich wie Elisabeth drin sehe,
den Christus erst und dann erst mich
und liebend so im Leben stehe –
so fröhlich und so inniglich.

Im Garten ging, wo Busch und Bäume,
Elisabeth durch ihre Träume.
Sie sah das Krönlein, das sie schmückte,
ihr schönes Haar, wenn sie sich bückte,
um aus der silberhellen Quelle
zu schöpfen mit der goldnen Kelle.
Kaum dass sie trank, da ward es hell,
und als sie hob die Augen schnell,
stand da ein Engel, weiß gewandet,
mit feuergleichem Gold umrandet.
Sprach: "Dir allein gehörst du nicht,
Gott liebt dich. Geh' und bringe Licht!"

*

Ich träf' ihn gern in meinen Träumen,
Sankt Nikolaus, als er noch klein.
Wir spielten unter Palmenbäumen
mit weißen Steinchen, das wär fein.

Doch käme dann, wie's dort gewesen,
ein Bub, der unser Bild zerstört,

ich drohte ihm mit Stock und Besen,
hieß ihn gemein und unerhört.

Doch was tat Nikolaus? Das Rechte!
Bot Pico seine Freundschaft an.
Zum Guten wandte sich das Schlechte
durch Gutes, das er liebgewann.

*

Seh' ich vom Brücklein über'n Teich
den Fischlein nach, die zwischen Pflanzen
so wie in einem Zauberreich
behände ihren Reigen tanzen –
wie sie die Sonne hüllt mit Strahlen,
die warm und golden sich verbreiten,
die farbenfrohe Bilder malen
und meine Träume sanft begleiten,
dann möcht' ich mit Franziskus singen;
ich möchte freudig dankbar sein.
Tief drin im Herzen soll es klingen:
Wer Gott so liebt, ist nie allein.

"Was schwatzt du da, du kleiner Gast?
Du bist mein Bruder, weißt es du?
Du zwitscherst froh im hohen Ast
und schaust uns Menschenkindern zu.
He, was Franziskus dir gesagt,
wie man den Schöpfer loben kann,
das hätt' ich dich so gern gefragt,
denn ich vergess' es dann und wann."
"Mit Mond und Wind und Käferlein,
mit Wasser, Feuer, Eisen –
so lass uns Schwestern, Brüder sein
und loben Gott und preisen."

\*

Franziskus ging, neu war die Welt,
sein Kämmerlein das Himmelszelt.
Und alle Tiere, Baum und Strauch,
die fühlten sich geborgen auch
im Haus, das Gott, der Vater gibt.
Franziskus weiß, dass er ihn liebt.

Ihm ist so wohl, er fühlt sich weit –
ein Gockel sieht's, der scharrt und schreit,
und jedes Tierlein groß und klein,
sich denkt, es müsste Morgen sein.
Noch nicht – doch bald der erste Strahl
von Schwester Sonne huscht ins Tal.

*

Groß bin ich, hat mich Gott gemacht –
so groß, doch kleiner als das Meer,
bin kleiner als des Himmels Pracht
und viele Dinge rings umher.
So lässt Franziskus mich erkennen,
wie sie mir Brüder, Schwestern sind:
Die Sonne von des Himmels Zinnen,
der Mond, die Sterne und der Wind
und jedes Tierlein, groß und klein,
das Würmlein, das im Sand sich regt,
die Fliege und das Käferlein
hat Gott mir treu ans Herz gelegt.

Franziskus hat auf Gott vertraut
und froh sein Kirchlein aufgebaut.
Der Turm war fest, man sah es schon;
es fehlte noch ein Glockenton.
Bald stand die Form schon in der Erde,
dass d'raus die edle Glocke werde,
die Gottes Lob und Preis von allen
hin über Stadt und Land konnt' schallen.

Ein Engel tritt ganz leis' hinzu:
"Die wahre Glocke, die bist du!
Von allem Guten, allem Schönen
darfst du aus deinem Herzen tönen!"

Dass es ein würdig's Kirchlein sei,
schleppt Franz gleich mutig Holz herbei
und Steine, die er selber schlägt
und selbst vom Berg zum Kirchlein trägt.
Hei! Misst er, fröhlich Stein auf Stein
baut er dann heut' sein Kirchlein fein
mit Eifer und ganz ungestört,
da, wo er gestern aufgehört.
So wächst es froh zu Gott empor.
Franziskus stellt's ihm freudig vor.

*

Franziskus ging vom Vaterhaus
ganz ärmlich in die Welt hinaus.
Doch hat er einmal "Ja" gesagt,
dann bleibt's dabei, wenn's ihn auch plagt.
So mauert er ins Kirchlein klein
die ganze Liebe mit hinein,
die er zu Mensch und Tieren hegt
und zu den Pflanzen, die er pflegt.
Doch wird sein Herz besonders weit,
wenn's sich vor Gottes Liebe neigt.

Sankt Georg, kühn, voll Witz und Kraft,
ein Rittersmann, der Großes schafft'.
Er konnte fechten, kämpfen, lachen,
besonnen sein und Späße machen.
Doch hielt im Zaum er die Gewalt,
den Hohn in mancherlei Gestalt.

Gerade, weil er Kraft besaß,
ging's ihm nicht drum, dass er sich maß,
kam ihm ein andrer in die Quere.
Er schwor's bei seiner Ritterehre:
"Denn nur die Liebe lässt mich rein
für Gott in Christus Ritter sein."

\*

Als Martin einst den Bettler sah,
war er dem armen Mann ganz nah.
Sah, dass er fror, spürt's selber mit –
bis er den Mantel dann zerschnitt.
Er gab ihn hin, ihm tat's nicht leid.
Nicht schade war es ihm um's Kleid.

Er lächelt' und der Alte nickt'.
Er hat ihn fröhlich angeblickt.
Und beiden war's auf einmal warm –
war keiner reich, war keiner arm:
Denn wer den andern froh gemacht,
hat auch die eig'ne Glut entfacht.

*

Ich fühle, wenn ich stille bin,
wie sich mein Denken, Herz und Sinn
nach drinnen wie zur Quelle drängen,
um dann erfrischt auf vielen Gängen
nach draußen Kraft und Mut zu tragen.
Aus solcher Tiefe kann ich's wagen,
mich selbst bewusst im Zaum zu halten,
darf alles um mich froh gestalten.
Wird dann mein wildes Herz zu schnelle,
so schöpf' ich Ruhe aus der Quelle.

Sterne aus der Höhe winken,
Mond trinkt leis' des Himmels Blau,
Tagesmüh'n im Traum versinken
und der Abendwind weht lau.
Hör' das Bächlein ruhig rinnen,
schimmernd durch den Spalt von Stein.
Ruhe soll auch in mir drinnen
neuem Tage Nahrung sein.

Dritte Klasse

Ein neues Haus – und doch für mich
nicht fremd, weil selbst ich's baue
und weil ich allzeit inniglich
dem, der mich führt, vertraue.
Das neue, Stein auf Stein erbaut,
schafft froh ein neu' Beginnen.
Ich bin's drum, die nach vorne schaut
mit allen meinen Sinnen.

*

Jung bin ich, sehe Mond und Sterne,
die zu greifen es mich drängt.
Bin im Haus von morgen gerne.
Freudig mich zum Tun umfängt
jeder Tag mit goldner Sonne,
die mir Gott ins Blau gestellt.
Leben, du bist voller Wonne,
voller Wunder ist die Welt.

Lichter gibt es viel im Leben,
lerne sie beizeit' erkennen:
solche, die dich froh erheben,
solche, die wir Irrlicht nennen.
Denk', wie herrlich doch begonnen
einst ins Licht die ersten Schritte –
bleib' drum treu dir und besonnen,
halt' das Licht in deiner Mitte.

*

Was ich denke, was ich tue,
immer geht mein Engel mit.
Ob ich wache, ob ich ruhe –
führt mich gut mit festem Schritt.

Ist *mein* Wächter ganz alleine,
freut sich, wenn ich sing' und lache.
Hört mich, wenn ich leise weine
und mir einmal Sorgen mache.

Was ich denke, was ich tue,
immer geht mein Engel mit.

Mancher trägt im Leben oft
eine Bürde groß und schwer.
Mancher wandelt unverhofft,
alle Säck' und Taschen leer.
Ist ein Krönchen auf dem Kopf,
bleibt nur dem, der's grade trägt,
sei's mit hoch erhob'nem Schopf,
sei's im Rücken abgeschrägt.
Dieses Krönchen heißt die Würde.
Ich will's stolz und mutig tragen –
sei's mit oder ohne Bürde.
Für mein Leben will ich's wagen.

\*

Ja, ich bin ich, so will's mein Leben;
so will es Gott, der mich erhält.
Mein Ich, das nimmt; mein Ich darf geben,
mein Ich, das steht; mein Ich, das fällt.
Und weiß ich nicht zu unterscheiden:
Was kann ich und was darf ich tun?
Lehrt mich mein Engel tun und meiden
und dankbar in mir selber ruh'n.

Wenn ich morgens froh erwache,
höre, wie ein Vogel singt,
frag' mich, was ich heute mache
und was dieser Tag mir bringt,
hör' ich meinen Engel sagen:
"Hab' Vertrauen, öffne dich,
wirst auf deine vielen Fragen
Antwort finden sicherlich.
Menschen, die dich gut begleiten,
die dich lehren, frei zu sein;
und lass auch zu allen Zeiten
Gottes Liebe in dich ein."

Vierte Klasse

So hurtig, wie die Füße schreiten,
soll mich des Engels Fuß begleiten.
So innig, wie die Hände fassen,
will ich von ihm mich führen lassen.
Dass alles Schöne sich entzündet
an Worten, die mein Mund verkündet,
und ich, wo ich auch bin und bleibe,
nur Liebe in die Herzen schreibe.

*

Die Quelle, tief im Erdenschoß,
ist reich und strömt und lebt,
eh' noch die Fülle, klar und groß,
mit Macht zum Lichte strebt.
Dann erst, wenn froh sie labt und nährt,
strömt neue Flut heran –
der niemals Armut widerfährt
und liebend geben kann.

Ich, die ich aus dem Lichte kam,
wo ich mit allen, die Gott sah'n,
sein Licht mit auf die Reise nahm,
ich soll auf meiner Erdenbahn
nun geh'n durch Tag und Dunkelheit –
mit kühnem Mut, mit forschem Schritt.
Doch geht auch leuchtend durch die Zeit
die Sonne meines Herzens mit.

Sie sendet ihre Strahlen aus,
lässt leuchten mich, statt hart zu sein,
baut selbst dem Lichte nun ein Haus
und lädt die andern darin ein.
Wird einmal die Erinn'rung schwach,
dass Gott mir auftrug, Licht zu sein,
dann rüttelt mich mein Engel wach –
hab' Dank, mein Licht, mein Engel mein!

Weit draußen auf dem Meer, verschwommen,
ein weißes Segel fest im Wind,
die Wellen, die da geh'n und kommen,
die Wolken, die am Himmel sind,
die Fischlein, die sich tummelnd regen,
der Strahl der Sonne, der sich bricht.

Siehst du das Segel sich bewegen?
Es strauchelt und es wackelt nicht.
Wo Möwen kreischend es umfliegen,
wo es die weiße Gischt umschäumt,
da siehst du, wie es wind-ergeben
sich hin zu fernen Häfen träumt.

Die Lerche seh' ich, still versunken,
sie steigt ins sonnennahe Blau;
so leicht, so froh, so atemtrunken,
wirft sie von sich das Erdengrau.
In ihrer Seele steht geschrieben:
Erhebe dich – sei, wer du bist
und lerne so den Schöpfer lieben,
dass alles leicht und fröhlich ist.

*

Wenn jemand auf die Bühne tritt,
spielt er bei Gut und Böse mit;
heißt diese Bühne aber "Leben",
dann darf es nur das Gute geben.
Denn all das Schöne, das es gibt,
gehört nur dem, der strebt und liebt,
der, wo man weder lacht noch singt,
aus eig'ner Seele Heilung bringt.

Den Himmel, den unendlich blauen,
den darfst bei Sonnenschein du schauen
und droben, drunten, überall
wird, was du siehst, zum Lichtkristall.

Doch da – der Sonnenklang verstummt,
kein Vogelsang, kein Bienlein summt,
weil grau der Himmel sich verdunkelt,
nichts in der Seele wärmt und funkelt.

Nun höre, wie dein Engel eben
dich mahnt, nach neuem Licht zu streben.
Du zögerst, fasst dich voll Vertrauen,
hast Mut, in dich hineinzuschauen.
Mit aller Lust, mit allen Sinnen
fühlst Wonne du im Herzen drinnen.

Ein Schmetterling, so kann man seh'n,
der muss durch viele Leben geh'n,
bis seine herrlich bunte Pracht
so leicht und auch so fröhlich macht.

Ich schau' dich an, du kleines Ding –
ich hör' dich fragen, Schmetterling,
ob nicht ein Menschenkind erst strebt,
eh sich's so leicht und froh erhebt.

\*

Das Wasser, das vom Berge quillt,
dass es den Durst der Menschen stillt,
der Tiere, Pflanzen, groß an Zahl –
so fröhlich leicht hüpft es ins Tal,
tut Gutes und es sprudelt hell,
als göttlich klarer Lebensquell.
Ist's, weil es Gutes hat vollbracht?
Sein Leben, das so fröhlich macht,
schenkt ihm und allem rings umher
des Guten viel und immer mehr.

Aus Kräften, die im Schönen walten,
ein neues Schönes zu gestalten
und was mir Aug' und Ohren sagen,
in schöner Form zu übertragen –
ich darf's und will es dankbar künden,
für immer Neues mich entzünden.

*

So wie dem Bach, der murmelnd singt,
behände über Steine springt,
dem Vogelschwarm, der südwärts zieht,
der Wolke, die vorm Winde flieht,
tief innewohnt ein Geist, der ruht,
so wird auch meiner Worte Glut
erst stark, wenn tief in mir im Kleinen
sich die Gedanken still vereinen.

Fünfte Klasse

Ich stand im Traum, als alles schlief,
im Tunnel durch ein Bergmassiv.
Dort sah ich, wie ein großes Rad
den noch verschloss'nen Röhrenpfad,
sich drehend, meißelte und schnitt,
und mit dem Riesen fuhr ich mit.
Da – Tag sich zeigt' am andern Ende.
Mir war, als brächte es die Wende,
als schenkte mir die Prozedur
die liebend-nahe Frohnatur,
die ich, eh' mich's dorthin geführt,
in meinem Innern stets gespürt.

\*

Die Erde singt beim Alpenglühen,
bei Purpurlichtes Widerschein.
Nach Tages Lasten, Tages Mühen,
taucht wundersam im Lichte ein,

was sich bei neuem Tagerwachen
durch meine Kraft und meine Treu',
durch meine Arbeit und mein Lachen,
Gott ehrend, hell gestaltet neu.

\*

Im Alpenglüh'n ist alles Licht,
in dem sich selbst das Dunkel bricht,
das an der schroffen Felsenwand
den Blick versperrt aufs weite Land.
Wie steiler Grat nun hier erlaucht
in Gold und Purpur eingetaucht,
der Bergbach, der zum Tal hin flieht,
sich fröhlich schimmernd-golden sieht,
so gab auch Gott dir jene Kraft,
die leuchtend wahre Wunder schafft.
Ein froher Blick, ein liebes Wort,
wie Alpenglüh'n wird's Heim und Hort.

Wo Felsen sich an Felsen drängt,
der Himmel blau den Grat umfängt,
wo sich in Schluchten und in Schächten,
bei Sonne und in Eisesnächten
nach Wärme sehnen Pflanz' und Tier,
da hat der Steinbock sein Revier.
Wenn morgens früh die Sonn' aufgeht
und er auf Berges Zinne steht –
hei, ist ihm da die Welt so frei;
die Kälte ist ihm einerlei.
Froh klettert er auf seiner Bahn
so kraftvoll, freudig himmelan –
und von der Steilwand aus sogar
aus tiefer Schlucht, wenn in Gefahr,
springt er, auf Geist und Kraft vertrauend
und auf des Schöpfers Liebe bauend,
zur Gegenwand, wo er sich dann
auf neuem Pfad erfreuen kann.

Dem Menschen, der da lebt und strebt,
ist's oft, dass sich ein Berg erhebt,
an dessen Wand er stumm sich lehnt,
sich nur noch nach dem Lichte sehnt.
Doch weil sein Schöpfer an ihn denkt,
hat er ihm auch die Kunst geschenkt,
tief drinnen in verborg'nen Räumen,
das Dunkel hoffend wegzuträumen.
Dass doch vor Gottes Angesicht
mein Hoffen, jener Traum von Licht,
durch eignes Tun, durch Geist und Hände
stets Segen und Erfüllung fände!

*

Der Gott, der Atem schuf vor Zeiten,
er soll mich immerfort begleiten.
Ich will auf ihn als Vater hoffen
und öffne mich – bin weit und offen!
Lass Menschensinn in Liebe reifen,
lass tausend Sonnen mich ergreifen,
dass Kraft, die mir der Ew'ge schenkt,
mein wacher Geist zum Guten lenkt.

Am Berge sprudelt silberhell
ein kraftvoll-klarer Wasserquell.
Wie Licht er sich ins Tal ergießt,
voll Mut – solange alles fließt.
Doch plötzlich fällt er tief hinein
in ein Verlies aus Felsgestein.
Sich jäh erinnernd, dass er's kann,
hält er auch hier den Fluss nicht an,
strebt nach dem Licht – und auf der Stelle
wird's zwischen Steinen wieder helle.
Gott dankend, fängt sein fröhlich' Fließen
nun an, die Reise zu genießen.

\*

Dobrij dién[1] – ein guter Tag!
Ich danke Gott, dass er ihn schenkt,
und mich, wenn ich vertrauen mag,
in meinem Tun und Denken lenkt.
Doch bin ich frei, und das ist gut!
Ich darf mit frohem Sinn und Mut –

---
[1] „Dobrij dién" (russ.) kann durch eine andere Sprache ersetzt werden.

wo ich auch bin – etwas bewegen.
Und, tu ich's recht, ist's mir zum Segen.

*

Hielte mir, den Weg zu finden,
meine Zeit zwei Lose hin:
Säh' ich steilen Pfad sich winden.
Läge talwärts mein Gewinn?
*Nicht* würd' ich mich blind entscheiden,
bäte Gott um sein Geleit
auf dem Weg, der von den beiden
führte mich zur Seligkeit;
denn, mir treu, dem Schönen offen,
wandelt sich die Mühsal schnell.
*Ich* in mir – ein liebend Hoffen,
anderen ein froher Quell.

*

Ich lausche gerne in die Welt;
sie hat so viel zu sagen.
Darf schweigend unterm Himmelszelt
den Himmel in mir tragen.

Drum gehe ich durchs Leben still,
was ich auch tu und treibe,
und höre, was Gott von mir will,
damit ich fröhlich bleibe.

\*

Wie hoch die Alpen sich erheben –
so majestätisch, machtvoll, rein,
und in den Höhen sich verweben
hier Eis und Frost, dort Sonnenschein;
und Stürme über Felsenklüften,
da donnert Schnee mit Macht ins Tal,
es kreist der Adler in den Lüften,
mich führt ein Bergpfad, steil und schmal,
hin zwischen Lärchen, zwischen Föhren
und zwischen Kräutern, Moos und Holz.
Zu solcher Schöpfung zu gehören,
das macht mich glücklich, reich und stolz.

Wär' ich ein Baum im Alpenland,
ich grüb' nicht Wurzeln in den Sand,
in Erdreich, wie's die Täler füllt –
fest hielten Felsen mich umhüllt.
Wär' Lärche ich und Zirbelkiefer
grüb' ich die festen Wurzeln tiefer,
dass ich mit Wasser stets bedacht
und mir kein Sturm den Garaus macht.
Und würd' es eisig, kalt und heiß,
dann macht' ich's wie das Edelweiß:
Ein feines, weiches Fell würd' nützen
und mich vor beidem trefflich schützen.
So folgt' ich Gottes Weisung still,
doch wollt' ich hören, was er will,
dürft' ich nicht schwatzen und nicht tuscheln,
nicht ruhlos durch die Alpen huscheln –
weil Gott in seiner Vaterart
sich in der Stille offenbart.

Stünd' ich als Moos am Waldesrand,
zu trinken dort das Sonnenlicht,
␣ täfʼ ichʼs mit andern, Hand in Hand,
leisʼ, wie ein Gute-Nacht-Gedicht.
Und öffnen Himmelsschleusen sich,
als wollten sie die Welt bedecken,
ich hielt's in Demut nicht für mich,
tät' rasch die vielen andern wecken,
den Bäumen, Pflanzen ringsumher
ist's gutes Nass und nötig sehr.
Auch hielten wir – die Moose alle –
die Erde fest in jedem Falle …
Und steh' als Mensch ich auf der Erde,
leg' dankend alles Sein und Werde
ich still in Gottes Hände nur –
auch nach der menschlichen Natur
will ich nach Kräften mitgestalten,
die gute Erde festzuhalten.

In mir ist Licht, ich weiß es gut,
der Wurzel gleich, tief grub sich's ein:
Ich habe Kraft, ich habe Mut;
mich wärmt dein Geist wie Sonnenschein.
Grün saftig reiht sich Blatt an Blatt,
eh' Blüten leuchtend neu ersteh'n;
ob groß, ob klein, ein jedes hat
in dir den Himmel schon geseh'n.
Und leuchtend strömt's nach draußen fort,
was drinnen Erd' und Heimat fand.
Von Seel' zu Seel', von Ort zu Ort,
webt sich des Schöpfers liebend Band.

\*

So nah dem Meer, so licht und weit,
kein Berg, kein Hügel weit und breit,
der Horizont so himmelnah,
wie ihn das Auge noch nicht sah.
Ich fühl' mich wie ein Vogel frei
und wünsch', dass es so immer sei. –
Was ist, mein träumend-selig Schau'n –
du mahnst mich, einen Deich zu bau'n?

Wozu? – Ich tat's, eh' ich's entdeckt.
Rasch hat die Sonne sich versteckt,
und Regen peitscht in Sturmes Hand
so hart und mächtig an den Strand,
dass er mein Innerstes erreicht',
hätt' ich ihn nicht gut eingedeicht.

\*

Wenn, wie im Meer, das ebbend liegt,
in mir die Wellenkraft versiegt;
wenn, wie die vielen Silberkronen
in seinem Schoße draußen thronen,
in meinen Plänen, meinen Träumen,
einmal nur stille Wasser schäumen,
dann will ich rufen und nicht rasten,
will suchend Gottes Hand ertasten,
will bitten um der Liebe Flut,
damit mich neue inn're Glut
und neuer Tatendrang erfassen –
mich froh die Weite schauen lassen.

Dem Pierwurm gleich, der dort im Watt,
doch auch im Meere Wohnung hat,
wo er, wenn dann das Wasser weicht,
aufstrebend Licht und Luft erreicht –
bedeckt dann grau die Flut das Land,
weiß er sich an des Lichtes Hand;
geht mutig gegen Wellen an,
weil er wohl ahnt, dass er es kann.
So bin auch ich Gott zugewandt,
bin kraftvoll, froh in seiner Hand,
bin in mir fest, geschlossen, still –
weil Gott es und weil ich es will.

Ich seh' das Meer, das blau sich weitet;
zum Horizont mein Auge gleitet.

Ich seh' der Schaumeskronen viel;
nicht Ruhe hat das Wellenspiel,
das jeden Sonnenstrahl gleich packt
und in Gefunkel nur zerhackt.

Ein Seehund hat die Bank erklommen,
eh' dort sein Frühstück angeschwommen.
Und reglos darf ihn Sonne streicheln,
der Wind vom Wasser her umschmeicheln.

Er ruht – bis ihn Gefahr erschreckt;
dann zeigt der Hund, was in ihm steckt:
Er robbt zum Meer, taucht unter – fort.
Kein Seehund mehr und leer der Ort.

Ich seh' das Meer, das blau sich weitet,
und Schweigen auf den Wellen reitet.

Wer geht denn da im Seitwärtsgang
spazier'n, den Nordseestrand entlang?
Wer steigt denn da, wird's ihm zum Graus,
aus seiner Rüstung einfach aus –
zumal das Panzerkleid erlesen
zuvor die eig'ne Haut gewesen?
Wer wollte nicht vor diesem Schein
am liebsten eine Krabbe sein?
Ich nicht, möcht' ich doch vorwärts
schreiten,
gestaltend Gottes Welt bereiten,
wo mir in meiner eig'nen Haut
die inn're Heimat anvertraut.

\*

Wo so viel Klang im Worte lebt,
sich durch den eig'nen Namen webt,
zeigt Gottes Geist, der dies bewegt,
welch' Ton da drinnen angelegt.
Doch, ach, er ist nicht leicht zu halten.
Mit ihm heißt's, den Akkord gestalten;
mit Tönen, die in andern klingen,

den eig'nen zur Vollendung bringen.
Wo so viel Klang im Worte lebt,
sich durch den eig'nen Namen webt,
klingt auch die Seele munter mit –
hält Liebe mit der Freude Schritt.

*

Ein Löwe, der tief in der Brust
der eig'nen Stärke sich bewusst,
er lässt, was seine Ohren hören,
nicht seine Mittagsruhe stören.
Auch was die scharfen Augen sehen,
das darf ihm nicht den Sinn verdrehen.
Jedoch, kommt's plötzlich dann und wann
einmal auf seine Stärke an;
ist, wenn es früh am Morgen tagt,
auch seine Schnelligkeit gefragt –
dann aber packt er ohne Frage
sein ganzes Ich-sein auf die Waage!
Nur kurz, und dann ist Ruhezeit –
er übt sich in Gelassenheit.

# Register

Alle Tiere, groß und klein  69
Als Gott vom Himmel  85
Als Martin einst  93
Am Berge sprudelt  113
Aufmerksam verfolgt der Hund  67
Aus Kräften, die im Schönen walten  107
Da die Schnecke  23
Dass es ein würdig's Kirchlein sei  92
Das Vöglein schenkt sein Lied  73
Das Wasser, das vom Berge quillt  106
Dem Menschen, der da lebt und strebt  112
Dem Pierwurm gleich  121
Dem stattlichen König  21
Den Himmel, den unendlich blauen  105
Der Gockel schreit  51
Der Gott, der Atem schuf  112
Der Sonne Glanz  15
Die Erde singt  108
Die Lerche seh' ich  104
Die Quelle, tief im Erdenschoß  100
Die Wahrheit  71
Dobrij dién – ein guter Tag  113
Durch Straßen geht ein Königskind  83
Einmal war es dann soweit  75

Ein neues Haus  96
Ein Riese stapft mit schweren Schritten  61
Ein Schmetterling schwebt leicht heran  63
Ein Schmetterling, so kann man seh'n  106
Ein Löwe, der tief in der Brust  125
Elfen und Zwerge und Wichte  45
Elisabeth im Kleid aus Licht  84
Elisabeth schafft's ganz allein  84
Es ist, als ob die Linde summe  65
Fleißig dreht die Spule sich  41
Franziskus ging, neu war die Welt  88
Franziskus ging vom Vaterhaus  92
Franziskus hat auf Gott vertraut  91
Freude, Friede, Lust  33
Fröschlein quakt  55
Gibst du dich hin  53
Groß bin ich  89
Hielte mir, den Weg zu finden  114
Hörst du das Rauschen  17
Ich, die ich aus dem Lichte kam  101
Ich freu' mich  31
Ich fühle, wenn ich stille bin  94
Ich lausche gerne  114
Ich seh' das Meer  123
Ich seh' Elisabeth  83
Ich stand im Traum  108
Ich träf' ihn gern  86

Im Alpenglüh'n ist alles Licht   109
Im Arme des Hirten   37
Im Garten ging   86
Im Verborg'nen   49
Im Wald hinter Bäumen   19
In mir ist Licht   119
Ja, ich bin ich   98
Jung bin ich   96
Lichter gibt es   97
Mancher trägt im Leben   98
Mein Engel hilft mir   85
Mit Kraft entspringt die Quelle   59
Morgens noch in früher Stunde   25
Morgens schon in aller Frühe   57
Sankt Georg, kühn   93
Schau, wie das Feuer   13
Schmunzelnd, humorvoll   39
Seh' ich vom Brücklein   87
Sieh die Blümlein   11
Sieh die Fische   47
So hurtig, wie die Füße   100
So nah dem Meer   119
So wie dem Bach   107
Sterne aus der Höhe   95
Still, bescheiden   43
Stünd' ich als Moos am Waldesrand   118
Turnend auf Bäumen   27

Vater Albatros  81
Wär' ich ein Baum  117
Wär' ich ein Vogel  79
Was ich denke  97
Was schwatzt du da  88
Weit draußen auf dem Meer  103
Wenn die Sterne  79
Wenn ich morgens  99
Wenn jemand auf die Bühne tritt  104
Wenn, wie im Meer  120
Wer geht denn da im Seitwärtsgang  124
Wie das Blatt ganz leis'  82
Wie die Elfe  35
Wie hoch die Alpen  115
Wo Felsen sich an Felsen drängt  111
Wo so viel Klang im Worte lebt  124
Zwerge träumen  29

# Inhaltsverzeichnis

Vorwort zur überarbeiteten und erweiterten
Neuauflage                                              5

Vorwort zur ersten Auflage                              7

Sprüche für das Poesiealbum                             9

Zeugnissprüche                                         77

    Erste Klasse                   79

    Zweite Klasse                  83

    Dritte Klasse                  96

    Vierte Klasse                 100

    Fünfte Klasse                 108

Register                                              126

Ulrike Luise Keller

**Im Wunderland der Worte**
Wie schreibe ich was? Übungsdiktate in Vers und Reim für den Unterricht und zu Hause, 2.-5. Schuljahr

2000. 82 Seiten. ISBN: 978-3-9342-7803-5

Dieses Buch enthält Übungsdiktate in Vers und Reim. Die einzelnen Kapitel unterscheiden sich durch die jeweilige Häufung bestimmter Schreibweisen und Besonderheiten oder sie verlangen eine Entscheidung für die eine oder andere Schreibweise. Darüber hinaus enthält es auch allgemeine Übungsdiktate.

In einem weiteren Kapitel werden Möglichkeiten des Umgangs mit den Übungsdiktaten erläutert. Wortspielereien, Unsinnsreimereien oder einfach heitere Verse, die durch ihren Rhythmus anregen, lassen das Üben froher und leichter werden.

*Aus dem Inhalt:*
Wörter mit ei; ng oder nk?; d oder t?; b oder p?; g oder k?; Wörter mit eu; mit qu; mit sp und st im Anlaut; mit a, ä und au, äu; mit x; chs oder x?; Wörter mit v; v oder f oder w?; Wörter mit ai; ai oder ei?; mit ck und tz; ck oder k, tz oder z?; Wörter mit doppeltem Mitlaut; mit doppeltem Selbstlaut; mit Dehnungs-h; mit ie; mit ieh; mit langem i; Dehnung des Vokals, Doppelvokal oder lang gesprochener Selbstlaut; Wörter mit kurzem oder langem betontem Selbstlaut; Wörter mit ss; ß; ss oder ß?; ss, ß oder s?; allgemeine Übungsverse; Verwendung der Übungsverse im Unterricht.

Ulrike Luise Keller

## Im Zauberland der Zahlen
1.-6. Schuljahr. Zahlenspiele, Rechenspiele und Sprüche für den ganzheitlichen Unterricht

2. Auflage 1999. 104 Seiten. ISBN: 978-3-9342-7801-1

Mit den in diesem Buch vorliegenden Spielstücken und Sprüchen wird mit den Kindern das Rechnen oder auch mathematische Regeln und Gesetzmäßigkeiten erlernt, geübt, wiederholt und vertieft. Dadurch entsteht lebendige Mathematik, die die Kinder, eingebettet in Vers und Reim, in ein Ganzes eintauchen lässt. Und trotzdem steht das klare Rechnen und Üben im Mittelpunkt des Geschehens.

Die Sprüche und Spielstücke, die aus der Praxis mit Kindern in der Schule entstanden sind, können in der Mehrzahl auch als fächerverbindende Themen Verwendung finden. Zu guter Letzt eignet sich das in dieser Form Erlernte und Erübte, auch aufgeführt zu werden.

So mag Mathematik auch das rechenmüde Kind begeistern!

*Aus dem Inhalt:*
Spruch zu den Hunderterzahlen, zur Bruchlehre, zur Multiplikation und Division von Brüchen; Zahlenspiel zu den Zahlen von 1-10, zu den Zehnerzahlen, zu den Bruchzahlen; Rechenspiel zur additiven Analyse der Zahl 10, zur Null, zu den vier Grundrechenarten, zur Zeit, zu den Hunderterzahlen (Tausenderzahlen, Bruchzahlen, …), zum Größenvergleich zweier Brüche; Verse zum Abzählen und um zur Ruhe zu kommen.

Edmund Zwecker

**Die weiße Blume**
Klassenspiele in Vers und Reim, 1.-5. Schuljahr.

2000. 122 Seiten. ISBN: 978-3-9342-7804-2

*Aus dem Inhalt:*
Das tapfere Schneiderlein, Die goldene Gans, Der Fuchs und der Storch, Der Löwe und die Maus, Die Flöte des Hirtenknaben, Der getäuschte Riese, Drei Kranzkuchen und ein Kringel, Seltsamer Spazierritt, Till Eulenspiegel und der Pferdehändler, Die weiße Blume.


Ulrike Luise Keller

**Gerechte Noten gibt es nicht**
und wie Noten die Lust am Lernen verhindern

2012. 143 Seiten. ISBN: 978-3-9342-7805-9

"In klarer Sprache und mit vielen Beispielen erläutert die berufserfahrene Lehrerin, warum Noten abgeschafft werden sollten und dass Rückmeldungen in Textform und in Portfolios sinnvoller sind. – Ein überzeugter Aufruf."
*in:* **Zeitschrift PÄDAGOGIK** *5/13, Empfehlungen, von Dr. phil. Jörg Schlömerkemper, Professor (i.R.) für Schulpädagogik und Allgemeine Didaktik, Goethe-Universität Frankfurt am Main*

"[...] In einer sehr gut lesbaren Kombination aus Erfahrungsberichten und authentischen Zitaten von Eltern und Kindern mit Aussagen von anerkannten Wissenschaftlern stellt die Autorin heraus, wie gering die Aussagekraft von Noten ist, wie sehr sie das Lernen beeinträchtigen und die Lernfreude, die kindliche Neugier, das Sachinteresse zerstören. [...]

Als Alternativen zur schulischen Zensierungspraxis beschreibt Keller in einer bewussten Begrenzung ihrer Ausführungen Textzeugnisse sowie das Konzept der Portfolios, die sie idealerweise miteinander kombinieren möchte. Neun Kapitel samt einem 'Ausblick' sowie dem Literaturverzeichnis – das macht 143 höchst engagierte und spannend zu lesende Seiten eines Plädoyers für eine humane Schule. [...]"

*in:* **Humane Schule. Zeitschrift des Bundesverbandes der Aktion Humane Schule e.V.**, *38. Jahrgang – November 2012, Buchbesprechungen, von Detlef Träbert, Diplom-Pädagoge, Bundesvorsitzender der Aktion Humane Schule e.V. von 2000-2012, seit 10/2012 stellvertr. Vorsitzender*

*Aus dem Inhalt:*
Was uns Zensuren mitteilen, wie sie wirken und zerstören; die Schwierigkeit, Zensuren zu bilden; Zensuren versus Interesse und Freude; Lernen ohne Zensuren; Textzeugnisse und Portfolios.

www.ingramcontent.com/pod-product-compliance
Lightning Source LLC
Chambersburg PA
CBHW020204090426
42734CB00008B/941